Conocer a Cristo

Lecturas devocionales
sobre la cruz y la resurrección

OTROS LIBROS DE MEL LAWRENZ

Cómo entender la Biblia (WordWay, 2014)

Influencia Espiritual: El poder secreto detrás del liderazgo
(Zondervan, 2012)

Vida después del duelo (WordWay, 2015)

Alegría de Navidad (WordWay, 2015)

Overcoming Guilt and Shame (WordWay, 2015)

I Want to Believe: Finding Your Way in An Age of Many Faiths
(Regal, 2007)

Whole Church: Leading from Fragmentation to Engagement
(Jossey-Bass/Leadership Network, 2009)

Patterns: Ways to Develop a God-Filled Life (Zondervan, 2003)

*Putting the Pieces Back Together: How Real Life and Real Faith
Connect* (Zondervan, 2005)

Para conocer y adquirir más recursos:
www.WordWay.org

¿Soñaste alguna vez con entender mejor la Biblia?

Casi todos lo hacemos. Creyentes maduros y nuevos creyentes. Jóvenes y ancianos. Aquellos que hemos leído la Biblia durante años y quienes apenas comienzan la aventura.

Cómo entender la Biblia, una guía sencilla, te ayudará a adquirir una perspectiva general del flujo y el significado de la Escritura. El libro aborda cuestiones como: ¿Cuál es el panorama general de la Biblia? ¿Qué traducción bíblica debería usar? ¿Cómo deberíamos entender las historias del Antiguo Testamento? ¿Cómo deberíamos interpretar aquello que los profetas tenían para decir? ¿Cómo deberíamos entender las enseñanzas de Jesús? ¿Qué enseñó Jesús mediante las parábolas? ¿Cómo podemos oír la voz de Dios en la Escritura? ¿Cuáles son las formas adecuadas de aplicar la Escritura a la vida actual? Disponible en Amazon.com

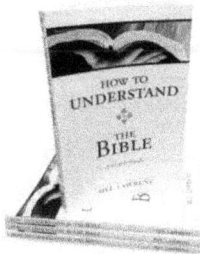

CONOCER A CRISTO

LECTURAS DEVOCIONALES SOBRE LA CRUZ Y LA RESURRECCIÓN

MEL LAWRENZ

WORDWAY
WWW.WORDWAY.ORG

WordWay
Conocer a Cristo
Copyright © 2015 Mel Lawrenz
Título original en inglés: *Knowing Him*
También está disponible una edición electrónica de este libro para leer en dispositivos Kindle.
Para pedidos e información, dirigir toda correspondencia a:
WordWay Resources P.O. Box 231, Waukesha, WI 53186
(Estados Unidos de América)

Publicado por WordWay Resources LLC
www.wordway.org

Diseño de portada e interior: Sheila Hahn
Traducción: Cristian Franco

CONTENIDOS

1. Libertad en Cristo   16

2. Lo que debe ser   20

3. Un amor más grande   24

4. El mercado en el sitio de la adoración   28

5. ¿Habrá alguna forma de quitar nuestro pecado?   32

6. ¿Buscadores de posición o líderes siervos?   36

7. Mejor que el oro o la plata   39

8. Solo Dios podía   43

9. El Sumo Sacerdote   47

10. ¡Reconciliados!   51

11. Cuándo Él es levantado   55

12. Hijo de David, Señor de David   59

13. El *tour* por el templo   63

14. Jactarse de la cruz   67

15. ¡Justificados!   71

16. El principio antes del comienzo   75

17. Lavamiento de pies   79

18. Otro Consolador   83

19. Jueves Santo   87

20. La crucifixión   91

21. Esperar en Dios   95

22. El día de la resurrección   99

Ensayo: Rescate   103

Ensayo: Cruz y tumba   115

Este símbolo, conocido como «cruz cruzada», aparece en muchos contextos a lo largo de la historia. Se considera que las cuatro cruces, un recordatorio de la muerte de Jesús, se extienden hacia los cuatro puntos cardinales (norte, sur, este y oeste) como una imagen de la propagación del evangelio de Cristo a todos los rincones de la Tierra.

A los lectores

[Los veintidós capítulos de este libro pueden leerse en cualquier momento, pero concluirán el domingo de Pascua si comienzas tres semanas antes y lees una porción cada día. Los últimos dos capítulos son ensayos de reflexión adicional sobre la salvación, la cruz y la resurrección.]

La vida y las enseñanzas de Jesús merecen dedicarles una vida de estudio, contemplación y aplicación. También Su muerte y resurrección. Jesús fue muy claro al expresar que tenía un propósito al venir y que ese fin sería consumado cuando fuera traicionado, entregado a las autoridades, asesinado y levantado de entre los muertos.

Y durante siglos, en torno a la Pascua, los cristianos han dirigido su atención a los relatos del sufrimiento de Jesús y de Su asombrosa resurrección de entre los muertos.

El apóstol Pablo dijo: «Lo he perdido todo a fin de conocer a Cristo, experimentar el poder que se manifestó en su resurrección, participar en sus sufrimientos y llegar a ser semejante a él en su muerte. Así espero alcanzar la resurrección de entre los muertos». (Filipenses 3.10-11). En su libro, *The Cruciality of the Cross*, P. T. Forsyth dijo: «Cristo es para nosotros tal como es Su cruz. Todo lo que Cristo era en el cielo o en la tierra fue puesto en lo que hizo allí.[...] No podemos entender a Cristo antes de comprender su cruz».

Emil Brunner dijo: «Quien entiende la cruz correctamente [...] entiende la Biblia, entiende a Jesucristo» *(El Mediador)*.

Y en el libro *The Truth of God Incarnate*, Stephen Neill dijo: «La muerte de Cristo es el punto central en la historia; allí convergen todos los caminos del pasado; por consiguiente, todos los caminos del futuro divergen».

Que estas breves lecturas te den la oportunidad de reflexionar sobre la verdad de lo que Dios hizo en Cristo por la humanidad.

—Mel Lawrenz

www.WordWay.org

1

LIBERTAD EN CRISTO

Cristo nos libertó para que vivamos en libertad. Por lo tanto, manténganse firmes y no se sometan nuevamente al yugo de esclavitud.

— Gálatas 5.1

¡Qué afirmación audaz!

Porque Cristo vino, porque llevó una vida perfecta y murió una muerte sacrificial, porque al tercer día se levantó de entre los muertos, ¡podemos ser libres! ¿Libres de qué? Uno podría pensar en todas las cosas que esclavizan al alma humana. ¿Miedo a la muerte? ¡Sí! Jesús fue allí, pasó al otro lado y dijo que podíamos unirnos a Él. ¿Pecado? ¡Sí! Dios nos quiere libres del tirano que es el pecado. Quiere que seamos liberados de nuestras propias limitaciones, obsesiones, adicciones y esclavitudes. ¿Maldad? ¡Sí! Podemos ser libres del Maligno al creer que Jesús pisoteó su cabeza (Génesis 3.15) y que el poder de Satanás nunca podrá rivalizar con el de Dios.

La cruz de Cristo nos libera de las desviaciones espirituales que no nos acercan a Dios. Derriba templos, rituales y regímenes. Anula la autojustificación y el orgullo espiritual. El apóstol Pablo dice que este mensaje de la crucifixión de Jesús, este antídoto de una vez y para siempre para nuestra enfermedad espiritual, es la obra de Cristo y Su gracia.

Así que la decisión gira en torno a estas dos opciones: aferrarnos a la noción de que lograremos tener un buen desempeño en la vida y esperar que Dios nos dé una recompensa por el trabajo bien hecho o acudir al Jesús crucificado, humillarnos ante Él y permitir que Su obra nos haga libres.

Reflexiona: ¿Qué limita tu libertad hoy en día? ¿Y cómo se aplicaría esto a ti: «Cristo nos libertó para que vivamos en libertad»?

CONOCER A CRISTO

2

LO QUE DEBE SER

«Y ustedes, ¿quién dicen que soy yo?»

«El Cristo de Dios», afirmó Pedro.

Jesús les ordenó terminantemente que no dijeran esto a nadie. Y les dijo: «El Hijo del hombre tiene que sufrir muchas cosas y ser rechazado por los ancianos, los jefes

de los sacerdotes y los maestros de la ley. Es necesario
que lo maten y que resucite al tercer día».

— Lucas 9.20-22

Debe haber sido un momento de asombro y desconcierto extremos. Jesús había llevado a Sus discípulos a un punto remoto en el norte de Galilea, cerca de los límites del territorio gentil y allí les preguntó si entendían quién era Él. Pedro lo captó. Quizá fue el primero (o tal vez el único) en verlo. Su rabí, por quien habían dejado sus hogares para seguirlo, era efectivamente el Mesías de Dios, aquel envuelto en profecía y misterio. Tú eres el «Cristo de Dios [Mesías, El Ungido]», dijo Pedro.

Pero luego, con la misma rapidez, Jesús les dijo que sería asesinado. Esto ocurriría no por mano de algún trastornado ni por los romanos, sino por los líderes espirituales de la tierra. Lo rechazarían y lo matarían. Esto no aportaba nada positivo para ellos. *Mesías* significaba ser el gran regente, el supremo rey, el libertador. ¡Se suponía que fuera el vencedor, no una víctima!

En este momento Pedro y el resto no podían ver el plan de Dios para los siglos. No tenían información privilegiada de un plan de rescate para la humanidad que había sido acordado antes de la creación. No podían ver las millones de personas que en el siglo XXI se arrodillarían ante Cristo, el Señor, agradeciéndole por purificarlas.

Nunca debemos conjeturar la forma en que Dios salva. No deberíamos sorprendernos de que Sus caminos exceden nuestra comprensión. Una vez que vemos la sabiduría de Dios (como en su momento pudo ver Pedro) adquirimos un propósito y un mensaje duraderos para toda la vida: «Exponemos el misterio de la sabiduría de Dios, una sabiduría que ha estado escondida y que Dios había destinado para nuestra gloria desde la eternidad» (1 Cor. 2.7).

Reflexiona: ¿Cuál habría sido tu reacción si hubieras sido uno de los seguidores de Jesús y escucharas esas palabras?

3

UN AMOR MÁS GRANDE

«Así como el Padre me ha amado a mí, también yo los he amado a ustedes. Permanezcan en mi amor. Si obedecen mis mandamientos, permanecerán en mi amor, así como yo he obedecido los mandamientos de mi Padre y permanezco en su amor. Les he dicho esto para que tengan mi alegría y así su alegría sea completa. Y este es mi mandamiento: que se amen los unos a los

otros, como yo los he amado. Nadie tiene amor más grande que el dar la vida por sus amigos».

—Juan 15.9-13

Jesús dijo: «Me odiaron sin motivo». No fue ni la primera ni la última persona en ser objeto de rechazo y persecución sin sentido. Pero al considerar que era el único ser perfecto, sin pecado alguno, el odio enarbolado contra Él fue de lo más vil que el mundo haya contemplado. Quienes lo odiaban llamaron tinieblas a la luz; vieron la justicia pero la llamaron iniquidad. Incluso denominaron la obra de Dios como hechos del diablo.

Hemos oído historias de sacrificios valientes: un soldado que arrojó su cuerpo sobre una granada de mano, un transeúnte que libró a alguien de las vías del subterráneo, un bombero que ingresó en un infierno de fuego solo para perder su propia vida. Son relatos inspiradores que muestran el mejor costado de la humanidad. Pero el sacrificio de Jesús no fue el impulso de un momento desesperado. Se movió con resolución hacia Su propio final. Ciertamente no hay amor más grande. Podríamos revisar cada página de la historia y hurgar en cada rincón del universo, y no hallar nada que se aproxime a ello. Jesús vio a Sus amigos, les dijo que entregaría Su vida y entonces pidió algo sencillo de parte de ellos (y de nosotros): que se amaran unos a otros.

Y así nuestra única alternativa real de amarnos mutuamente es si recibimos por completo el amor de Dios por nosotros y permitimos que cambie nuestra perspectiva total en relación con los demás. Pero esto no ocurrirá por una recordación casual del amor de Jesús. Cuando Él dijo: «Permanezcan en mi amor», quiso decir que debemos habitar allí. Hemos de ser conscientes, cada hora del día, de que la verdad firme de nuestra vida (el corazón de nuestra identidad) es que somos amados por Jesús el Cristo. Mantener nuestro foco en la cruz es la manera de permanecer en Su amor.

Reflexiona: ¿Qué tienes para decirle a Jesús, aquel que entregó Su vida por ti?

4

EL MERCADO EN EL SITIO DE LA ADORACIÓN

Jesús entró en el templo y echó de allí a todos los que compraban y vendían. Volcó las mesas de los que cambiaban dinero y los puestos de los que vendían palomas. «Escrito está —les dijo—: "Mi casa será llamada casa de oración"; pero ustedes la están convirtiendo en "cueva de ladrones"».

— Mateo 21.12-13

Al comenzar la última semana de Su vida en la Tierra (a veces llamada «Semana de la Pasión»), Jesús ingresó a Jerusalén con un dramatismo increíble. ¿Qué habrán pensado sus discípulos? Cabalgó cuesta abajo el camino de la colina mientras se aproximaba al bello templo ubicado al otro lado del valle y multitudes de personas expresaban sus alabanzas. Luego entró a sus patios y purificó el templo. Las ovejas se esparcían a lo largo del patio, las palomas volaban fuera de sus jaulas, las monedas rebotaban y rodaban por la plaza de piedra. Y allí estaba Jesús, en medio de todo esto, echando a los mercaderes que veían el patio del templo como un magnífico lugar para ganar dinero.

Ahora bien, Jesús no tenía problemas con el sistema sacrificial. Está en el Antiguo Testamento y el principio del dar sacrificial es parte del plan de Dios. Pero cuando el fragor de la actividad humana ahoga las oraciones del pueblo de Dios, el propósito principal se ha perdido.

El templo como «casa de oración» se suponía que fuera un lugar donde el adorador fuera cautivado con asombro por el Todopoderoso. Era un lugar donde el pueblo podía encontrarse con su Padre y Señor. El bullicio de la religiosidad institucionalizada era un pobre sustituto. Y así Jesús entró a Jerusalén, al comienzo de esa semana importante, y aplastó todo lo que no encajaba con el carácter de Dios.

A veces Dios únicamente puede construir luego de haber derribado.

Reflexiona: ¿Qué parte de tu vida querría Jesús derrumbar y limpiar a fin de que pudieras comenzar de nuevo?

5

¿HABRÁ ALGUNA FORMA DE QUITAR NUESTRO PECADO?

Al día siguiente Juan vio a Jesús que se acercaba a él, y dijo: «¡Aquí tienen al Cordero de Dios, que quita el pecado del mundo! De este hablaba yo cuando dije: "Después de mí viene un hombre que es superior a mí, porque existía antes que yo". Yo ni siquiera lo conocía, pero, para que él se revelara al pueblo de Israel, vine bautizando con agua».

Juan declaró: «Vi al Espíritu descender del cielo como una paloma y permanecer sobre él. Yo mismo no lo conocía, pero el que me envió a bautizar con agua me dijo: "Aquel sobre quien veas que el Espíritu desciende y permanece, es el que bautiza con el Espíritu Santo." Yo lo he visto y por eso testifico que éste es el Hijo de Dios».

— Juan 1.29-34

De vuelta al comienzo, aun antes de que Jesús llamara a Sus primeros discípulos, hubo un momento de revelación. Un profeta de apariencia salvaje llamado Juan, que bautizaba al pueblo en el río Jordán y predicaba sobre el gobierno de Dios como Rey, encontró a Jesús de Nazaret. Este hombre vio a Jesús (que era primo de Juan) y Dios abrió los ojos de Juan para que pudiera ver que era aquel sobre el cual había profetizado.

«¡Aquí tienen al Cordero de Dios, que quita el pecado del mundo!» es lo que dijo Juan. Quiso decir lo siguiente: «¡Miren! ¡Aquí está nuestra salvación! Aquí está aquel a quien todos los sacrificios en el Antiguo Testamento señalan. Dios ha prometido quitar nuestro pecado ¡y ahora eso mismo se vuelve realidad!».

El dilema que todos enfrentamos es: ¿Qué podemos hacer con los errores, las transgresiones, las deficiencias y los pecados que cometemos? ¿Qué hace Dios de nosotros? ¿Es realmente posible que Dios esté dispuesto a perdonar?

Dios no perdona meramente a los pecadores. Él «quita» nuestro pecado. Su perdón es tan poderoso, tan completo, que es adecuado creer que nuestro pecado ha sido «quitado». Y la señal de que Dios ha efectuado realmente esto es que Jesús, como un cordero sacrificial, cargó nuestro pecado sobre sí mismo y lo quitó.

Reflexiona: ¿Qué nos dificulta creer que Jesús ha «quitado» nuestro pecado? ¿Será porque a veces nos aferramos a este? Y si así fuera ¿por qué razón lo hacemos?

6

¿BUSCADORES DE POSICIÓN O LÍDERES SIERVOS?

De nuevo tomó aparte a los doce y comenzó a decirles lo que le iba a suceder. «Ahora vamos rumbo a Jerusalén, y el Hijo del hombre será entregado a los jefes de los sacerdotes y a los maestros de la ley. Ellos lo condenarán a muerte y lo entregarán a los gentiles. Se burlarán de él, le escupirán, lo azotarán y lo matarán. Pero a los tres días resucitará».

Se le acercaron Jacobo y Juan, hijos de Zebedeo.
«Maestro» —le dijeron— «queremos que nos concedas
lo que te vamos a pedir».

«¿Qué quieren que haga por ustedes?»

«Concédenos que en tu glorioso reino uno de nosotros
se siente a tu derecha y el otro a tu izquierda».

Los otros diez, al oír la conversación, se indignaron
contra Jacobo y Juan. Así que Jesús los llamó y les dijo:
«Como ustedes saben, los que se consideran jefes de las
naciones oprimen a los súbditos, y los altos oficiales
abusan de su autoridad. Pero entre ustedes no debe ser
así. Al contrario, el que quiera hacerse grande entre
ustedes deberá ser su servidor, y el que quiera ser el
primero deberá ser esclavo de todos».

— Marcos 10.32-37, 41-44

En lo que fuera el peor momento para los hermanos Jacobo y Juan, escogieron la ocasión de la predicción ominosa del sufrimiento de Jesús para ver si había algo para ellos. «Haz por nosotros lo que pidamos», dijeron (¡Vaya petición!). En otras palabras, expresaron: «¿Podemos tener los lugares privilegiados a tu lado?».

Algunas preguntas son inocentes y de mente abierta; otras revelan que estamos completamente confundidos. «No saben lo que están pidiendo», dijo Jesús (v. 38). Con esto, quiso decir: «¿Están realmente tan ansiosos de estar a mi lado cuando me sacrifiquen? ¿Quieren sus propias cruces? ¿Realmente desean enfocarse en su propia posición y poder? ¿Han ignorado todo lo que he intentado enseñarles?».

«No», les dijo Jesús, «si quieren ser grandes (realmente grandes) entonces deben volverse esclavos y siervos de todos».

Y luego Jesús hizo Su afirmación más sorprendente: «Porque ni aun el Hijo del hombre vino para que le sirvan, sino para servir y para dar su vida en rescate por muchos» (v. 45). Él era el cumplimiento del «siervo sufriente» sobre quien el profeta Isaías había hablado siete siglos antes (Isaías 52.13–53.1-12). Y Él era la «expiación» (Isaías 53.10-11), aquel que nos liberaría de los patrones del pecado, la muerte y el Maligno.

Reflexiona: ¿Cuáles son las mayores barreras que enfrentamos para renunciar a nuestra posición y seguridad, y en cambio llevar vidas de servicio?

7

MEJOR QUE EL ORO O LA PLATA

Los profetas, que anunciaron la gracia reservada para ustedes, estudiaron y observaron esta salvación. Querían descubrir a qué tiempo y a cuáles circunstancias se refería el Espíritu de Cristo, que estaba en ellos, cuando testificó de antemano acerca de los sufrimientos de Cristo y de la gloria que vendría después de estos.[...] Aun los mismos ángeles anhelan contemplar esas cosas.

Como bien saben [...] el precio de su rescate no se pagó con cosas perecederas, como el oro o la plata, sino con la preciosa sangre de Cristo, como de un cordero sin mancha y sin defecto. Cristo, a quien Dios escogió antes de la creación del mundo, se ha manifestado en estos últimos tiempos en beneficio de ustedes. Por medio de él ustedes creen en Dios, que lo resucitó y glorificó, de modo que su fe y su esperanza están puestas en Dios.

— 1 Pedro 1.10-21

Años después de la muerte y la resurrección de Jesús, Pedro escribió acerca del misterio de Cristo cosas que «aun los mismos ángeles anhelan contemplar». Estas verdades elevadas y mejores sobre Dios incluyen el acto poderoso de redención. Jesús dijo que vino para dar su vida como un rescate (Mc. 10.45). Y aquí Pedro dice que fuimos redimidos no por oro o plata (el tesoro de los ricos del mundo), sino por «la preciosa sangre de Cristo» (la riqueza de los tesoros de Dios, la vida del mismísimo Hijo de Dios).

Redención o rescate está en el corazón de las imágenes de salvación que presenta el Antiguo Testamento. Significa liberar a alguien al comprarlo de nuevo. Dios les pidió a los hebreos que hicieran un sacrificio de cada primogénito. Para las ovejas, las cabras y otros, esto implicaba morir; pero Dios les dijo a los hebreos que sustituyeran a sus primogénitos con un cordero. Esta liberación era un rescate. Un cordero en lugar de un hijo. Pero en el caso de Jesús, fue el Hijo en lugar de nosotros.

Nos resulta difícil, como una cuestión práctica, abrazar el concepto que postula que el dinero (plata y oro) no es donde reside efectivamente el poder. Decimos que hay algunas coas que el dinero no puede comprar y esto es cierto cuando nos referimos al amor, la verdad y el carácter. Y es aun más cierto en nuestra relación con Dios. Nuestro poder, nuestra posición y nuestra riqueza no nos hacen estar ni siquiera un peldaño más cerca de Dios. Todo eso perece, pero no «la preciosa sangre de Cristo».

Reflexiona: ¿Qué aspecto de Cristo, que hoy en día conoces, haría que los ángeles cantaran alabanzas?

8

SOLO DIOS PODÍA

[Cristo] es anterior a todas las cosas, que por medio de él forman un todo coherente. Él es la cabeza del cuerpo, que es la iglesia. Él es el principio, el primogénito de la resurrección, para ser en todo el primero. Porque a Dios le agradó habitar en él con toda su plenitud y, por medio de él, reconciliar consigo todas las cosas, tanto las que están en la tierra como las que están en el cielo,

haciendo la paz mediante la sangre que derramó en la cruz.

En otro tiempo ustedes, por su actitud y sus malas acciones, estaban alejados de Dios y eran sus enemigos. Pero ahora Dios, a fin de presentarlos santos, intachables e irreprochables delante de él, los ha reconciliado en el cuerpo mortal de Cristo mediante su muerte, con tal de que se mantengan firmes en la fe, bien cimentados y estables, sin abandonar la esperanza que ofrece el evangelio.

— Colosenses 1.17-23

Anselmo, al escribir en el siglo XI, planteó un interrogante: ¿Por qué Dios se hizo hombre? Este es el enigma de Cristo. Su respuesta fue algo así como: *Solo el hombre debería resolver el problema del pecado (porque el pecado es, después de todo, un problema que los seres humanos han creado), pero solo Dios podía hacerlo.* Un profeta que muriera en una cruz podría como máximo ser un mártir y un modelo. Pero Jesucristo fue realmente humano y también divino. Por lo tanto, Su sacrificio tuvo un rostro humano y al mismo tiempo fue un ofrecimiento divino.

Esa es la razón por la que un pasaje como Colosenses capítulo 1 tiene tanta importancia. Habla de la persona de Cristo y Su obra en nuestro lugar. Sobre Su persona, «Él es la imagen del Dios invisible» (v. 15), en «Él fueron creadas todas las cosas» (v. 16) y «a Dios le agradó habitar en Él con toda su plenitud» (v. 19).

Y así, en base a quién era Jesús, fue capaz de reconciliar con Dios todas las cosas «haciendo la paz mediante la sangre que derramó en la cruz» (v. 20).

Durante el más violento de todos los días en la historia humana, Dios se extendía a quienes estaban separados y en enemistad con Él. Nos ofreció reconciliación «a fin de presentarlos santos, intachables e irreprochables delante de él». Solo Dios podía hacer eso.

Reflexiona: ¿Qué área de tu vida sabés que solo Dios podría cambiar?

9

EL SUMO SACERDOTE

Si esto es así, ¡cuánto más la sangre de Cristo, quien por medio del Espíritu eterno se ofreció sin mancha a Dios, purificará nuestra conciencia de las obras que conducen a la muerte, a fin de que sirvamos al Dios viviente!

Por eso Cristo es mediador de un nuevo pacto, para que los llamados reciban la herencia eterna prometida, ahora que él ha muerto para liberarlos de los pecados cometidos bajo el primer pacto.

Todo sacerdote celebra el culto día tras día ofreciendo repetidas veces los mismos sacrificios, que nunca pueden quitar los pecados. Pero este sacerdote, después de ofrecer por los pecados un solo sacrificio para siempre, se sentó a la derecha de Dios, en espera de que sus enemigos sean puestos por estrado de sus pies. Porque con un solo sacrificio ha hecho perfectos para siempre a los que está santificando.

— Hebreos 9.14-15; 10.11-14

Durante siglos, el pueblo hebreo observó a sus sacerdotes realizar los rituales del tabernáculo y luego el templo. La palabra sacerdote significa «uno que se interpone», y de hecho estos fueron hombres que permanecieron delante de Dios en nombre del pueblo, ayudándolos a llevar sus sacrificios en adoración. El sumo sacerdote hacía tales cosas especiales al ingresar al Lugar Santísimo del templo y ofrecer las oraciones más íntimas en nombre del pueblo.

Con Jesús todo eso cambió. Vino y asumió el rol del Sumo Sacerdote, «un solo mediador entre Dios y los hombres» (1 Tim. 2.5). Vino y nos dijo que las lecciones recibidas sobre el templo, los sacerdotes y los sacrificios de animales (lecciones sobre nuestro pecado y el terrible juicio pronunciado sobre el pecado y la posibilidad de sacrificios sustitutos) habían sido aprendidas, y Él había venido para ser el cumplimiento.

Jesús es el gran Sumo Sacerdote. También es el sacrificio. Vino para ser el «mediador de un nuevo pacto» (Heb. 9.15). Es el rescate (la redención).

Pero Jesús es bastante distinto con respecto a los sumos sacerdotes anteriores. «Día tras día ofreciendo repetidas veces los mismos sacrificios», pero estos sacrificios «nunca pueden quitar los pecados». Lo que hicieron aquellos sacerdotes fue ofrecer una imagen y una enseñanza sobre el perdón. Jesús fue quien realmente lo logró. Fue tanto Dios como hombre y por ello se puso delante de nosotros enlazando el cielo y la tierra. Su muerte fue el sacrificio máximo; es el único sacrificio que realmente importa.

Levantado de los muertos y regresado al Padre, Jesús continúa como el enlace entre Dios y la gente. Sin embargo, Él ya no se «interpone» más; ahora se sienta en el trono de Dios.

Reflexiona: ¿Cuál es hoy en día la mayor preocupación en tu vida que te gustaría que el gran Sumo Sacerdote presentara ante el trono de Dios?

10

¡RECONCILIADOS!

El amor de Cristo nos obliga, porque estamos convencidos de que uno murió por todos, y por consiguiente todos murieron. Y él murió por todos, para que los que viven ya no vivan para sí, sino para el que murió por ellos y fue resucitado.

Así que de ahora en adelante no consideramos a nadie según criterios meramente humanos. Aunque antes

*conocimos a Cristo de esta manera, ya no lo conocemos
así. Por lo tanto, si alguno está en Cristo, es una nueva
creación. ¡Lo viejo ha pasado, ha llegado ya lo nuevo!
Todo esto proviene de Dios, quien por medio de Cristo
nos reconcilió consigo mismo y nos dio el ministerio de
la reconciliación: esto es, que en Cristo, Dios estaba
reconciliando al mundo consigo mismo, no tomándole
en cuenta sus pecados y encargándonos a nosotros el
mensaje de la reconciliación.*

— 2 Corintios 5.14-19

Muchos teólogos han considerado que la
reconciliación puede ser una palabra tan importante
como cualquier otra en el vocabulario bíblico de
salvación. Es una palabra del mundo de las relaciones
humanas. Algo maravilloso que suele ocurrir cuando la
gente enemistada entre sí emprende un camino mutuo de
acercamiento para confesarse las equivocaciones, reparar
una grieta, compensar los errores, dejar de lado las
diferencias, cesar las hostilidades, ¡reconciliarse!

En realidad, la mayoría de la gente no cree que esté
enemistada con Dios. Considera que Dios es bastante
favorable y dispuesto. Después de todo, ¿por qué Él
actuaría de forma contraria? ¿Acaso los seres humanos

no somos lo suficientemente adorables del modo en que somos?

Pero el amor de Dios no es enamoramiento ni tampoco que Él sea simplemente «agradable». El Dios de amor ama al indigno de ser amado con un compromiso riguroso. Ama a quienes lo han ignorado, a quienes han pensado arrogantemente que no lo necesitan y a quienes han sido dioses para sí mismos. El amor de Dios nos ve en base a quiénes podemos llegar a ser no por quiénes seamos.

Cristo, que no tenía pecado, se puso en lugar del pecador para que este pudiera estar delante de Dios. La enemistad se fue, la oposición fue dejada a un costado, ¡amigos de nuevo!

Y así llevamos un mensaje de reconciliación, tenemos un ministerio de reconciliación. En otras palabras, cuando la gente considera a los cristianos, debería pensar: *Oh sí, son el pueblo que está apasionado con la paz y la reconciliación. Viven en ello y para ello.*

Reflexiona: ¿Es eso lo que la gente realmente ve en nuestras actitudes y valores?

11

CUANDO ÉL ES LEVANTADO

«Ahora todo mi ser está angustiado, ¿y acaso voy a decir: "Padre, sálvame de esta hora difícil"? ¡Si precisamente para afrontarla he venido! ¡Padre, glorifica tu nombre!»

Se oyó entonces, desde el cielo, una voz que decía: «Ya lo he glorificado, y volveré a glorificarlo». La multitud que estaba allí, y que oyó la voz, decía que había sido un trueno; otros decían que un ángel le había hablado.

«Esa voz no vino por mí sino por ustedes» —dijo Jesús— «El juicio de este mundo ha llegado ya, y el príncipe de este mundo va a ser expulsado. Pero yo, cuando sea levantado de la tierra, atraeré a todos a mí mismo». Con esto daba Jesús a entender de qué manera iba a morir.

— Juan 12.27-33

Durante Su última semana de vida terrenal, Jesús enseñó sobre un acontecimiento del cosmos que estaba por ocurrir: el día de Su muerte no sería solo un martirio sino «el juicio de este mundo». Mediante un gran acto divino, el Maligno sería expulsado y Jesús, al ser «levantado de la tierra», atraería a la gente a sí mismo. Las multitudes se congregaron para ver a Jesús en la cruz y desde entonces cientos de millones de personas han sido atraídas también a Él.

Jesús dijo que en ocasiones la muerte resulta en nueva vida. Como una semilla enterrada en el suelo, pronta para brotar a la vida, así su muerte sería un breve preludio antes de que la vida eterna pudiera brotar sobre la escena humana. Sería como aquel momento oscuro en el teatro cuanto se apagan las luces y las voces se silencian justo antes de que se levante la cortina, los focos bañen de luz el escenario y logremos ver lo que el dramaturgo se propuso transmitir.

No sería fácil, Jesús lo sabía. Al mostrar Su verdadera humanidad, Jesús les dijo a los discípulos que Su corazón estaba atribulado. Pero también le dijo al Padre: «¡Glorifica tu nombre!».

Eso era todo lo que se necesitaba. Pronto, los discípulos compartirían su última cena con Jesús. Entretanto, tenían algo de tiempo para pensar sobre las semillas que caen al suelo.

Reflexiona: ¿Cómo te gustaría que Dios se glorificara en tu vida?

12

HIJO DE DAVID, SEÑOR DE DAVID

Pero Jesús les preguntó: «¿Cómo es que dicen que el Cristo es hijo de David? David mismo declara en el libro de los Salmos:

«"Dijo el Señor a mi Señor:
'Siéntate a mi derecha,
hasta que ponga a tus enemigos
por estrado de tus pies'".

«David lo llama "Señor". ¿Cómo puede entonces ser su hijo?»

— Lucas 20.41-44

Jesús tenía varias maneras de decir cosas aparentemente escandalosas sobre sí mismo. Dijo que era el Señor del sábado, por lo que podía decidir qué hacer o no durante el día de reposo. Permitió que la gente se inclinara ante sus pies y lo adorara. Perdonó los pecados de la gente. Dejó que usaran nombres para Él que estaban reservados para Dios. Uno debe concluir que era una persona completamente ilusa o un charlatán. O era realmente quien afirmaba ser. No hay otras alternativas.

Él era y es el Señor del rey David y, más que eso, Señor del cielo y la tierra. Este concepto alteró por completo cada expectativa del Mesías. La gente esperaba al sucesor de David... no esperaba al Señor de David.

Jesús se humilló y asumió un lugar humilde, aunque es Señor de todo. Esta es la paradoja de Jesús. Lava pies pero ordena obediencia. Perdona pero también confronta. Asume la vergüenza de la crucifixión pero resucita en gloria. Es una clase de señorío diferente al que esperaríamos de alguien que ostentara poder y autoridad.

Reflexiona: Si Jesús es Rey de reyes y Señor de señores, ¿de qué forma contribuye esto para que veas el mundo de manera distinta?

CONOCER A CRISTO

13

EL *TOUR* POR EL TEMPLO

Algunos de sus discípulos comentaban acerca del templo, de cómo estaba adornado con hermosas piedras y con ofrendas dedicadas a Dios. Pero Jesús dijo: «En cuanto a todo esto que ven ustedes, llegará el día en que no quedará piedra sobre piedra; todo será derribado».

— Lucas 21.5-6

El templo parecía más grande que cualquier otra cosa en la visión espiritual de los seguidores de Jesús. Era, después de todo, la encarnación de la promesa de Dios y el símbolo de Su presencia. Era el ámbito para los rituales y el ejercicio de la ley. Adoradores entusiastas peregrinaban hasta allí para realizar sacrificios y admirar las enormes y bellas piedras que conformaban sus muros. Pero Jesús explotó la burbuja de la admiración de los discípulos cuando observó la impresionante estructura (símbolo de estabilidad para el pueblo) y dijo: «Llegará el día en que no quedará piedra sobre piedra; todo será derribado». Chocante. Impensable. Incluso subversivo. Al menos, eso es lo que sus enemigos hicieron de dicha declaración.

Es verdad, por supuesto, que eventualmente todos los monumentos hechos con manos y todos los imperios construidos por el intelecto y las agallas sucumben. Es tan cierto como cualquier otra cosa en la historia. El templo había sido destruido antes y lo habían reconstruido. Pero ahora Jesús expande la comprensión de Sus discípulos al hablarles de un cataclismo futuro que separaría familias y traería guerra a lo largo de la tierra. Las conclusiones de los intérpretes de la Biblia varían con respecto a si esta es una profecía sobre la destrucción de Jerusalén por mano de los romanos alrededor de cuarenta años después o una profecía que todavía no se cumplió, o ambas.

En cualquier caso, el principio de Jesús es el mismo: *No confíen en aquello en lo que pueden poner sus manos.* Nuestra salvación, nuestra redención, solamente debe hallarse en Dios y Su amor. En efecto, Jesús dijo que cuando la vida pareciera derrumbarse alrededor de una persona, esta debería levantar «la cabeza, porque se acerca su redención» (Lucas 21.28). Él lo sabía. Jesús dijo que cuando el templo, que era Su cuerpo, se destruyera, sería levantado en tres días. Y así fue. Cualquier humano puede reconstruir piedras, pero solo Dios puede regresar de la muerte.

Reflexiona: ¿Habrá algún «templo» o santuario en tu vida que podría desaparecer y así requerir de un nuevo nivel de fe?

14

JACTARSE DE LA CRUZ

Los que tratan de obligarlos a ustedes a circuncidarse lo hacen únicamente para dar una buena impresión.[...] En cuanto a mí, jamás se me ocurra jactarme de otra cosa sino de la cruz de nuestro Señor Jesucristo, por quien el mundo ha sido crucificado para mí, y yo para el mundo. Para nada cuenta estar o no estar circuncidados; lo que importa es ser parte de una nueva creación.

— Gálatas 6.12-15

Pablo escribió esta carta, que denominamos como *libro de Gálatas*, a ciertos cristianos que habían comenzado su nueva vida espiritual con fe en Jesús, pero luego otros les habían dicho que el mensaje de gracia de Pablo era horriblemente incompleto y probablemente peligroso. Enseñaban que no era suficiente creer en Jesús y seguirlo; también debían continuar observando los centenares de regulaciones del Antiguo Testamento. Aunque uno fuera un gentil, decían, aún debía observar las leyes alimenticias, los sacrificios y la circuncisión.

Pablo consideró esto como una emergencia espiritual y escribió esta carta para advertir a esos creyentes que no fueran embrujados por aquellos legalistas.

Hay un solo camino hacia Dios. Deja que las cosas que deben morir en tu vida, mueran. Deja que los esfuerzos mueran, que el legalismo muera, que el amor por el mundo muera, que el orgullo espiritual personal muera. Renuncia a todo, abandona todo, deja que sea crucificado como Jesús permitió que lo crucificaran, ¡y entonces serás libre!

Así, entonces, tendremos algo que ofrecer. Presumiremos de Jesucristo. Gritaremos Su nombre al mundo. Nos llenaremos de orgullo no por nosotros mismos sino por Él. Y miraremos a Su cruz y la veremos como un momento de gloria, no de vergüenza.

Reflexiona: ¿Hay cosas sobre las que hayas estado enorgullecido en tu vida? ¿Qué debería ocurrir en ti para que te gloriaras solo en Cristo?

CONOCER A CRISTO

15

¡JUSTIFICADOS!

Pues todos han pecado y están privados de la gloria de Dios, pero por su gracia son justificados gratuitamente mediante la redención que Cristo Jesús efectuó. Dios lo ofreció como un sacrificio de expiación que se recibe por la fe en su sangre, para así demostrar su justicia. Anteriormente, en su paciencia, Dios había pasado por alto los pecados; pero en el tiempo presente ha ofrecido a Jesucristo para manifestar su justicia. De este modo

Dios es justo y, a la vez, el que justifica a los que tienen fe en Jesús. ¿Dónde, pues, está la jactancia? Queda excluida.

— Romanos 3.23-27

Es difícil sobreestimar el poder de esta sola palabra: justificados. Durante los veinte siglos pasados, los cristianos han descubierto periódicamente esta verdad importante. Seguimos olvidándola porque somos tan propensos a creer que podemos ganarnos el favor de Dios si ponemos suficiente empeño. Pero, al igual que el amor de un buen padre o una buena madre, la gracia de Dios es algo que nunca podremos ganar. Dios la concede de buena gana.

Justificación es una palabra tomada de los tribunales. Lo que significa en el Nuevo Testamento es que Dios, que es tanto Padre como Juez, ha dicho que podemos ser absueltos en la corte gracias al sacrificio de Jesús.

¿Has visto un acusado en los tribunales recibir un veredicto de no culpable y salir de la sala totalmente libre? Es crucial porque es una decisión tomada por una autoridad con respecto a un cambio de posición.

Este pasaje enseña que gracias a Jesús podemos ser absueltos en la corte de la ley de Dios (aunque seamos culpables de quebrarla) y salir de allí como gente libre.

Somos culpables (3.23). Aun así Jesús cargó voluntariamente sobre Sus hombros el castigo por los pecados del mundo. Hay justicia en todo esto y Dios ofrece justificación a la gente que debería ser penalizada (3.26).

Reflexiona: Al haber salido de los tribunales de justicia de Dios como una persona libre, ¿qué tienes para decirle al Señor?

16

EL PRINCIPIO ANTES DEL COMIENZO

En el principio ya existía el Verbo, y el Verbo estaba con Dios, y el Verbo era Dios. Él estaba con Dios en el principio. Y el Verbo se hizo hombre y habitó entre nosotros. Y hemos contemplado su gloria, la gloria que corresponde al Hijo unigénito del Padre, lleno de gracia y de verdad.

— Juan 1.1-2, 14

A menudo entendemos el comienzo de una historia cuando nos aproximamos a su finalización. Como el libro de Génesis, las palabras iniciales del Evangelio de Juan son: «En el principio». Excepto que este principio se extiende más allá de la creación, a la época cuando estaba Dios y solamente Dios. Debe haber existido tal tiempo, por supuesto, porque si Dios es el Creador, entonces hubo un momento cuando solo estaba Él.

La gran verdad del cristianismo aquí descrita por Juan en su Evangelio, y repetida a lo largo del Nuevo Testamento, es que Jesucristo estuvo allí antes del principio. Él es la Palabra de Dios, estaba con Dios y era Dios. Tomó parte en el acto de creación; Él es la fuente de vida y luz.

Entonces un día Él asumió forma humana («el Verbo se hizo hombre»). Vino a la tierra y llevó una vida que parecía como la nuestra, con hambre, cansancio y tentación, pero sin pecado. Él es el gran enigma de la historia del mundo. La gente lo ha adorado y lo ha odiado. También ha intentado ignorarlo, pero es la cosa menos sensata que alguien puede hacer.

Él es el Señor de gloria. «Hemos contemplado su gloria, la gloria que corresponde al Hijo unigénito del Padre, lleno de gracia y de verdad» (v. 14).

Reflexiona: ¿En qué forma necesitas la verdad y la gracia de Dios a través de Cristo en este momento específico de tu vida?

17

LAVAMIENTO DE PIES

Se acercaba la fiesta de la Pascua. Jesús sabía que le había llegado la hora de abandonar este mundo para volver al Padre. Y habiendo amado a los suyos que estaban en el mundo, los amó hasta el fin. Llegó la hora de la cena. El diablo ya había incitado a Judas Iscariote, hijo de Simón, para que traicionara a Jesús. Sabía Jesús que el Padre había puesto todas las cosas bajo su dominio, y que había salido de Dios y a él volvía; así que se levantó de la mesa, se quitó el manto y se ató una toalla a la cintura. Luego echó agua en un recipiente y comenzó a lavarles los pies a sus discípulos y a secárselos con la toalla que llevaba a la cintura.

—Juan 13.1-5

El drama final se aproximaba. Los discípulos fueron al aposento alto donde tendrían la cena de Pascua y Jesús les enseñaría cosas a suceder. Jesús «sabía que le había llegado la hora». Sabía que «el Padre había puesto todas las cosas bajo su dominio» y que estaba retornando a Dios. Y Satanás ya había entrado en el corazón del traidor, Judas Iscariote.

Con el escenario así planteado, Jesús escogió hacer algo muy peculiar. Se quitó el manto, ató una toalla a su cintura, echó agua en un recipiente y comenzó a lavar los pies de los discípulos. El lavamiento de pies no era inusual en aquel mundo de senderos polvorientos y aire seco. Lo que era inusual era que el maestro hiciera esto por todos Sus discípulos y en un momento así, cuando las circunstancias eran cruciales.

«¿Entienden lo que he hecho con ustedes?», preguntó Jesús (v. 12). «Soy el Señor. Soy el Maestro. Y si yo les sirvo de esta manera, ciertamente ustedes pueden servirse unos a otros. Y si lo hacen, serán bendecidos».

Ámense unos a otros. Cuídense mutuamente. Sírvanse unos a otros. Hagan el trabajo sucio por el otro. Humíllense ante los demás. Gástense a sí mismos por otras personas.

Una vez más Jesús les mostró a Sus seguidores qué significa ser un discípulo. Y Él también sabía que solo del otro lado de la cruz, cuando vieran cuán lejos llegaría el servicio de Jesús, comprenderían plenamente esta enseñanza.

Reflexiona: ¿Cuál sería tu reacción si Jesús se acercara a ti para lavar tus pies?

18

OTRO CONSOLADOR

«Si ustedes me aman, obedecerán mis mandamientos. Y yo le pediré al Padre, y él les dará otro Consolador para que los acompañe siempre: el Espíritu de verdad, a quien el mundo no puede aceptar porque no lo ve ni lo conoce. Pero ustedes sí lo conocen, porque vive con ustedes y estará en ustedes.[...]

«Todo esto lo digo ahora que estoy con ustedes. Pero el Consolador, el Espíritu Santo, a quien el Padre enviará en mi nombre, les enseñará todas las cosas y les hará recordar todo lo que les he dicho. La paz les dejo; mi paz les doy. Yo no se la doy a ustedes como la da el mundo. No se angustien ni se acobarden».

— Juan 14:15-17, 25-27

Habrá habido dolor, ansiedad y esperanza en el aire mientras Jesús hablaba con Sus discípulos sobre su partida venidera. Este discurso en el aposento alto, narrado en el Evangelio de Juan (capítulos 13 al 17), fue la palabra final de Jesús a Sus discípulos en la noche en que fue traicionado.

Habló de «otro Consolador» que vendría a ellos. Esta es una palabra que significa consejero, confortador y «uno que camina junto con». Pensar en Dios el Espíritu Santo como nuestro consolador es, en efecto, uno de los pensamientos más reconfortantes que un ser humano puede tener. ¿A quién más podrías querer contigo cuando atravieses las victorias y las luchas de la vida? ¿Quién más podría obrar en lo más recóndito de tus pensamientos y sentimientos, ayudándote a tomar buenas decisiones y tener una disposición adecuada, y darte confianza cuando la necesites?

Cuando Jesús dijo «otro Consolador», también enseñaba a sus discípulos que lo que Él hacía entre ellos y por ellos era ser tal clase de Consolador. Los había llenado con verdad y esperanza, con una visión de quién es Dios y un concepto humillador de quiénes eran ellos. Ahora los dejaría. Un panorama doloroso. Pero en todos estos caminos, Dios aún seguiría con ellos.

No estuvimos en aquel aposento alto, pero si Jesús se pusiera en medio de nosotros, nos daría la misma seguridad.

Reflexiona: ¿Qué clase de consejo, consuelo o defensa necesitas de parte de Dios en este momento particular de tu vida?

19

JUEVES SANTO

Jesús dijo: «Ahora es glorificado el Hijo del hombre, y Dios es glorificado en él. Si Dios es glorificado en él, Dios glorificará al Hijo en sí mismo, y lo hará muy pronto. Mis queridos hijos, poco tiempo me queda para estar con ustedes. Me buscarán, y lo que antes les dije a los judíos, ahora se lo digo a ustedes: Adonde yo voy, ustedes no pueden ir. Este mandamiento nuevo les doy: que se amen los unos a los otros. Así como yo los he amado, también ustedes deben amarse los unos a los otros. De este modo todos sabrán que son mis discípulos, si se aman los unos a los otros».

— Juan 13.31-35

En inglés se utiliza la expresión *Maundy Thursday* para denominar lo que conocemos como «Jueves Santo». *Maundy* proviene del latín *mandatum* que significa "mandato" u "orden". Es una referencia a lo que Jesús habló cuando les dijo a Sus discípulos que dejaba un nuevo mandamiento («que se amen los unos a los otros»).

Probablemente había muchas cosas en la mente de los discípulos durante la última cena en aquel aposento alto, incluyendo el miedo y el desconcierto luego de que Jesús dijera que alguien en aquel salón lo traicionaría.

Jesús le extendió un pedazo de pan al traidor, así como había alimentado a todos Sus discípulos durante el tiempo que pasaron juntos. Siempre dando, siempre con gracia. Jesús alimentó a millares de personas con pescado y pan, y cada palabra que salió de Su boca fue alimento espiritual para quienes escucharon y entendieron. Pero esa noche los alimentó de manera diferente. Al pasar el pan y luego el vino, expresó palabras duras y reconfortantes: «Este es mi cuerpo,[...]

esta es mi sangre». No era una cena común y corriente, ni siquiera una Pascua común. Sus palabras se conectaron con lo que había dicho en las costas de Galilea: «Yo soy el pan de vida —declaró Jesús—. El que a mí viene nunca pasará hambre, y el que en mí cree nunca más volverá a tener sed. El que come mi carne y bebe mi sangre tiene vida eterna, y yo lo resucitaré en el día final» (Jn. 6.35, 54).

Jesús les dijo que repitieran esta comida singular en el futuro. Y luego llegó el momento para que salieran a la frialdad de la noche. En un huerto silencioso rodeado de olivos, con el marco de una noche profunda signada por sonidos distantes de perros que ladraban, Jesús oró. En agonía, Él oró. La imagen atemorizante de una ejecución vergonzosa y de cargar la maldición del pecado rasgó la conciencia humana de Jesús. Y al final, fue pura obediencia al plan divino lo que llevó a Jesús a las manos de los conspiradores que aguardaban por Él. ¿Recordaron los discípulos el «mandamiento nuevo»?

Reflexiona: ¿Qué habría pasado por tu mente si hubieras sido uno de los discípulos durante la última cena o en el huerto de Getsemaní?

20

LA CRUCIFIXIÓN

Llegaron a un lugar llamado Gólgota (que significa «Lugar de la Calavera»). Allí le dieron a Jesús vino mezclado con hiel; pero después de probarlo, se negó a beberlo. Lo crucificaron y repartieron su ropa echando suertes. Y se sentaron a vigilarlo. Encima de su cabeza pusieron por escrito la causa de su condena: «Este es Jesús, el Rey de los judíos».

— Mateo 27.33-37

Ahora llegó el momento del enfrentamiento entre el bien y el mal, el cielo y la tierra. La crucifixión de Jesús es tanto el hecho más horrendo en la historia humana como la única esperanza para la humanidad. Es por eso que denominamos al viernes previo a la Pascua como «Viernes Santo».

Los seguidores de Jesús eran todavía demasiado débiles como para entender y por eso se dispersaron. Los líderes políticos se «pasaban el balón» y, al final, descartaron a Jesús por amor a la conveniencia. La multitud se quedó boquiabierta. Dos ladrones estaban colgados a ambos costados de un hombre cuyo delito era difícil de comprender. El cartel sobre Su cabeza anunciaba con sarcasmo mordaz: «Rey de los judíos». Eso debe haber atraído cierta atención.

Tenemos conocimiento de siete cosas que Jesús dijo desde aquella cruz, incluyendo un pronunciamiento de perdón para los soldados, provisión para el cuidado de Su madre y un pedido de algo para humedecer su boca reseca. Pero las últimas palabras en aquel último día de Su vida humana fueron las más importantes: «Todo se ha cumplido» (Juan 19.30).

Aquel no fue un llanto de resignación, capitulación ni rendición. Fue el grito de victoria de que todo lo que

Dios había planeado hacer para la restauración de los pecaminosos seres humanos, ahora se había cumplido. ¡Ahora podía haber justificación! ¡Redención! ¡Reconciliación! Todo lo que debía hacerse por la deuda y la cicatriz del pecado se había hecho. Ahora el perdón era gratuito.

Lo único que restaba hacer era que Jesús saliera de la sombra de la muerte, algo que haría con facilidad luego de pocos días. Pero primero los discípulos tendrían tiempo para reflexionar en cuanto a cómo entresacar algo bueno de una circunstancia tan mala. Y los enemigos de Dios desaparecieron en la oscuridad de su propia duplicidad.

Reflexiona: ¿De qué modo la crucifixión de Jesús te impacta más poderosamente?

21

ESPERAR EN DIOS

Después de esto, José de Arimatea le pidió a Pilato el cuerpo de Jesús. José era discípulo de Jesús, aunque en secreto por miedo a los judíos. Con el permiso de Pilato, fue y retiró el cuerpo. También Nicodemo, el que antes había visitado a Jesús de noche, llegó con unos treinta y cuatro kilos de una mezcla de mirra y áloe. Ambos tomaron el cuerpo de Jesús y, conforme a la costumbre judía de dar sepultura, lo envolvieron en vendas con las especias aromáticas. En el lugar donde crucificaron a Jesús había un huerto, y en el huerto un sepulcro nuevo en el que todavía no se había sepultado a nadie. Como era el día judío de la preparación, y el sepulcro estaba cerca, pusieron allí a Jesús.

— Juan 19.38-42

Un pequeño acto de misericordia de parte de José de Arimatea implicó que el cuerpo inerte y sin vida de Jesús no fuera arrojado a un hoyo sino recostado cuidadosamente dentro de una tumba cavada en una roca ubicada en un huerto. José era probablemente un hombre con conflictos significativos. Como alguien rico y miembro prominente del concilio judío, representaba al mismo *establishment* que estuvo empeñado en la desaparición de Jesús. Pero aun así creía en Jesús... de forma secreta. Creer en Jesús lo pone a uno en el punto de atención. Ser un discípulo comprometido de Jesús siempre enoja al *statu quo*.

Nicodemo, temeroso pero conmovido, también llegó a la tumba. Así que dos hombres con asociaciones que los ponían en desacuerdo con Jesús, pero que realmente querían creer, son quienes respetuosamente envolvieron Su cuerpo con vendas y unos treinta y cuatro kilos de especias. Pero la única cosa que realmente puede quitar el hedor de la muerte y su mirada vacía es la resurrección.

Estos dos hombres y los otros discípulos todavía estaban atrapados en aquel territorio desolado entre la vida y la muerte. Todos los seguidores de Jesús debían aferrarse a lo que fueron palabras vagas de Jesús sobre levantarse de la muerte. ¿Podían tales palabras tomarse con seriedad? ¿Serían ellos arrestados? Y así esperaron detrás de puertas cerradas porque no había nada más que hacer.

Reflexiona: ¿Hay alguna forma en la que aguardes ver qué ocurrirá a continuación? ¿Cómo hallar fe en el lugar de espera?

22

EL DÍA DE LA RESURRECCIÓN

El primer día de la semana, muy de mañana, cuando todavía estaba oscuro, María Magdalena fue al sepulcro y vio que habían quitado la piedra que cubría la entrada. Así que fue corriendo a ver a Simón Pedro y al otro discípulo, a quien Jesús amaba, y les dijo: «¡Se han llevado del sepulcro al Señor, y no sabemos dónde lo han puesto!»

— Juan 20.1-2

¿Cuán difícil fue para Aquel que es Señor del universo (que obró en la creación y es la misma fuerza de vida que sostiene unidas las cosas vivientes) levantarse del sueño de la muerte y dejar a un costado las vendas y el sudario que cubrían su cuerpo?

Como siempre fue el caso, las revelaciones de Jesús sobre sí mismo no ocurrieron con cámaras de televisión enfocándolo. Ni siquiera una multitud respetable se congregó ante el hecho. Una palabra alarmante de la joven María Magdalena sobre la desaparición del cuerpo de Jesús produjo pánico y una carrera veloz entre dos de los discípulos amados de Jesús, Pedro y Juan. Uno miró y observó meramente el vacío de la tumba; el otro vio la conexión entre este momento y las misteriosas palabras de Jesús, y creyó.

Ahora bien, las cosas era realmente complicadas y los discípulos regresaron a casa. Así que Jesús primero se apareció ante la quebrantada María, quien permaneció junto a la tumba. María fue la primera en presenciar algo que el mundo nunca había visto antes: una vida resucitada y transformada.

El día de resurrección fue para Jesús simplemente la primera muestra de una resurrección de masas de personas que ocurrirá cuando esta era de la historia del universo llegue a una conclusión. Lo que Dios promete a quienes pertenecen a Jesús no es la aniquilación ni la desaparición de la persona en una nada sino la resurrección y la recreación de todo lo que es justo y bueno en el mundo que ha creado. Y hasta entonces, nos invita a comenzar llevando vidas transformadas, continuamente moldeadas y cambiadas por la esperanza de la redención de todo lo que Dios ha hecho.

Reflexiona: ¿En qué áreas de tu vida necesitas que obre el poder de la resurrección de Jesús?

ENSAYO

RESCATE

Extracto (capítulo 12) del libro *Putting the Pieces Back Together: How Real Life and Real Faith Connect* por Mel Lawrenz (Zondervan, 2005)

«Creo que nada nos sorprendió más que saber que tantos barcos estuvieran lo suficientemente cerca como para rescatarnos en unas pocas horas».

— Sobreviviente del *Titanic*

Todos dieron por sentado que, con la chance más mínima, ciertamente ella hubiera escapado de sus secuestradores. Y todos pensaron que ante cualquier oportunidad de pedir ayuda o pasar una nota que dijera: «Soy Elizabeth Smart, ¡socorro!», lo habría hecho. Por ello, durante los nueve meses de su cautividad desde que fue arrebatada de su dormitorio en medio de la noche, la mayoría de la gente supuso lo peor: debía estar muerta.

Pero Elizabeth, de catorce años de edad, estaba viva. Durante su cautividad había estado rodeada por muchas personas, pero no había emitido ninguna señal de alerta. En ocasiones la dejaron sola, con la posibilidad de huir. Cuando la policía la abordó en la calle, preguntándole si era Elizabeth Smart, lo negó. Esta pobre joven, prácticamente con su cerebro lavado por sus secuestradores, necesitaba desesperadamente ser salvada, pero no lograba verlo y por eso no podía aprovechar ninguna oportunidad. Fue bueno que un oficial de policía (que la reconoció en la calle) estuviera bien informado y se determinara a encontrar la verdad.

Luego está el caso de Jessica Lynch, la oficial militar de diecinueve años de edad, primera clase, que sirvió como parte de una unidad de mantenimiento en Irak y fue tomada cautiva luego de que su convoy hiciera una maniobra incorrecta en la ciudad de Nasiriyah.

Ingresada durante ocho días en un hospital, clamaba por volver a casa. Pero no podía salvarse por su cuenta. Aun sin guardias armados a su alrededor, ¿cómo correr cuando tenía las dos piernas quebradas? Unos días después, rescatistas de las fuerzas armadas se abalanzaron desde un helicóptero, irrumpieron en el edificio, la arrancaron de su cama y la llevaron a un lugar seguro.

¿Salvados de qué?

Hoy en día algunas personas creen que es una broma cuando oyen que uno debe ser salvo. «Ese es el tipo de cosas que dicen los chiflados religiosos», piensan. «¿No es la salvación un concepto anticuado, o tal vez simplemente la muleta mental de algunas personas que aún no están dispuestas a pararse sobre sus propios pies, hablando espiritualmente? ¿No son los vagabundos y los marginados quienes necesitan "venir a Jesús"?»

¿Pero qué ocurre si tenemos «las dos piernas quebradas»? ¿Qué si no tenemos idea de la tribulación en que nos encontramos y cuán desesperadamente necesitamos ser salvos?

Prácticamente todas las religiones comienzan con la suposición de que necesitamos ser salvados de algo terriblemente malo en el mundo o dentro de nosotros. La salvación es una creencia y una esperanza de que hay una forma de salir de la cautividad, un rescate que necesitamos, sea que lo sepamos o no.

La fe cristiana dice específicamente que necesitamos ser salvos del mal, del juicio y de nuestro propio pecado autodestructivo. La salvación del mal significa que podemos confiar en el poder de Dios para evitar que la humanidad descienda por completo a la oscuridad más profunda, aunque el mal aparezca de continuo en los titulares periodísticos hasta que Dios venga a recrear el mundo. La salvación del juicio implica que, por un acto de gracia de perdón, Dios nos absuelve de los delitos y las fechorías espirituales que hayamos cometido. Y la salvación del pecado significa que el poder de Dios está disponible para remodelar nuestro carácter de modo que no necesitemos repetir los mismos errores una y otra vez.

Ese es precisamente el motivo por el que la Biblia habla de la salvación como una realidad pasada, presente y futura. Los autores bíblicos dicen que hemos sido salvos, estamos siendo salvos y seremos salvos.

Al mirar atrás, la verdad es que «por gracia ustedes han sido salvados mediante la fe; esto no procede de ustedes, sino que es el regalo de Dios, no por obras, para que nadie se jacte» (Efesios 2.8-9).

«Han sido salvados».

Dios ha ganado la guerra, pese a que las batallas continúan. Ha enviado Su gracia a la humanidad, Su propósito imparable de derramar misericordia y bondad, como alimento que fluye en medio de la hambruna y agua que trae nuevo vigor a bocas resecas. Cuando Jesús murió en la cruz, el enfrentamiento entre los poderes políticos de la tierra y el poder oscuro de los demonios contra el poder brillante de Dios llegaron a un clímax decisivo. La luz se ocultó durante tres horas, el cuerpo del Autor de la vida se desplomó contra la madera áspera. Tal vez Satanás se rió, luego se acobardó. La cortina del templo se rasgó como una señal, como si el Sumo Sacerdote hubiera ingresado al Lugar Santísimo, la presencia de Dios, y desgarrara una puerta de entrada que crearía por siempre una relación con Dios cuya distancia solo fuera decir: «Creo. Yo creo».

Pero Dios también continúa salvándonos. Las batallas aún rugen, pese a que el resultado es seguro. Al escribir desde la prisión, el apóstol Pablo dijo: «Lleven a cabo su salvación con temor y temblor», y luego, para asegurarse de que la gente con «piernas quebradas» no intentara correr demasiado pronto, añadió: «Pues Dios es quien produce en ustedes tanto el querer como el hacer para que se cumpla su buena voluntad» (Fil. 2.12-13, itálicas mías). También escribió: «El mensaje de la cruz es una locura para los que se pierden; en cambio, para los que se salvan, es decir, para nosotros, este mensaje es el poder de Dios» (1 Cor. 1.18, itálicas mías). El proceso de salvación es la obra fiel y constante de Dios de educarnos, modelarnos y limpiarnos: «Los libraré de todas sus impurezas» (Ez. 36.29). Eso implica que la persona más sabia es la que dice: «Soy impura, no puedo quitarme la suciedad, no puedo sanarme por mi cuenta. Dios, por favor haz lo que solo tú puedes hacer».

Luego está la salvación futura. Dios nos salvará. Pregúntate, solo por un instante, lo que realmente crees que ocurrirá a medida que la historia se desenvuelva en extremos cada vez más opuestos.

El famoso pasaje de apertura del libro *Historia de dos ciudades*, escrito por Charles Dickens, comienza de esta forma: «Era el mejor de los tiempos, era el peor de los tiempos, la edad de la sabiduría y también de la locura; la épica de las creencias y de la incredulidad; la era de la luz y de las tinieblas; la primavera de la esperanza y el invierno de la desesperación. Todo lo poseíamos, pero no teníamos nada; caminábamos derecho hacia el cielo y nos extraviábamos por el camino opuesto».

¿Acaso el mundo actual no se asemeja a tal conjunto de contradicciones? Pero el asunto es más serio que eso. El péndulo se balancea en un arco cada vez más amplio: lo mejor se pone mejor y lo peor, empeora. La historia aún se mueve hacia un enfrentamiento. La cuestión del destino debería ejercer presión en la mente de cada persona. Algunos hallan consuelo en la suerte: «Hay chances de que seré capaz de esquivar la colisión». Pero más allá de que alguno de nosotros sea testigo o no del clímax de la historia, todos enfrentaremos el último umbral cuando lleguemos al final de nuestra propia vida. Todos necesitamos al Dios que dice: «En el día de salvación te ayudé» (Is. 49.8). Todos necesitamos prestar atención al consejo de «ya es hora de que despierten del sueño, pues nuestra salvación está ahora más cerca que cuando inicialmente creímos» (Ro. 13.11).

La palabra bíblica «salvación» quiere decir "rescate". Significa que alguien mejor y más grande, más sabio y fuerte, hace por nosotros lo que no podemos realizar por nuestra cuenta. La necesidad de salvación no quita nada de la dignidad humana. En cambio, nos devuelve nuestra propia vida. Sea que comprendamos la necesidad de rescate o no, aun lo precisamos.

Simplemente tiene sentido para nosotros admitirlo y vivir de forma tal que respondamos al rescate.

Una joven mujer llamada María, dos mil años atrás, tuvo la sabiduría de entender que necesitaba la salvación de Dios. No era cautiva de ningún secuestrador, pero sabía que estaba atrapada por sus propias limitaciones y que era tan vulnerable como cualquier otra persona, fuera ante un vecino malvado, un régimen político o de caer desde lo alto de un edificio. Su cántico celebraba los caminos poderosos de Dios para rescatar:

«Mi alma glorifica al Señor, y mi espíritu se regocija en Dios mi Salvador.[...] De generación en generación se extiende su misericordia a los que le temen. Hizo proezas con su brazo» (Lucas 1.46-51).

El cántico de María fue su respuesta a la afirmación más increíble, dada a ella por un ángel: «Quedarás encinta y darás a luz un hijo, y le pondrás por nombre Jesús».

Jesús en español, *Yeshua* en hebreo, un nombre que simplemente significa "salvación". En un sueño, José también escuchó que un ángel le dijo: «Dará a luz un hijo, y le pondrás por nombre Jesús, porque él salvará a su pueblo de sus pecados».

Hay dos costados de la salvación: el objetivo y el subjetivo. El primero es el hecho de la salvación. Por la venida de Jesús, y Su muerte sacrificial y Su resurrección a una nueva vida, ha ocurrido un acto inalterable de salvación. La Biblia tiene un vocabulario completo para explicarlo: redención, reconciliación, justificación, adopción.

«Redención», un término del mundo del comercio, dice que mediante la muerte sacrificial de Cristo hemos sido comprados para dejar de ser esclavos del pecado. Como los esclavos que eran comprados a fin de ser libres, Dios suplió y recibió el precio. Todo esto fue descrito una y otra vez en los rituales sacrificiales del Antiguo Testamento. Esta es verdadera libertad, pero una libertad que viene de ser comprados por Dios: «Ustedes no son sus propios dueños; fueron comprados por un precio. Por tanto, honren con su cuerpo a Dios» (1 Corintios 6.19-20).

«Reconciliación» viene del mundo de las relaciones. Los efectos divisorios del pecado en el mundo conducen al distanciamiento. Estamos separados unos de otros y separados de Dios. Pero en Cristo y en Su sacrificio, Dios ofrece un puente. Por fe estamos del lado de Dios y Dios nos llama Sus amigos.

«Adopción», de la esfera de la familia, significa que nos volvemos, mediante el sacrificio de Cristo, verdaderos hijos de Dios. Todos los seres humanos son creaciones de Dios y por lo tanto son Su descendencia. Pero ser un verdadero hijo de Dios es una realidad de una magnitud diferente. Significa ser un heredero y vivir ahora en sumisión consciente al dueño de casa, el Padre benevolente. El hijo pródigo se volvió nuevamente hijo cuando regresó a casa.

«Justificación» es del mundo de los tribunales. «Justificación» y «justicia» están en el mismo grupo de palabras en el Nuevo Testamento. Ser justificados significa ser hechos justos y estar en paz con Dios. Es lo que le sucedió a Abraham cuando creyó la asombrosa promesa de Dios. La justificación por gracia mediante la fe es un cimiento de certidumbre. Como lo expresó Pablo: «Si Dios está de nuestra parte, ¿quién puede estar en contra nuestra? El que no escatimó ni a su propio Hijo, sino que lo entregó por todos nosotros, ¿cómo no habrá de darnos generosamente, junto con él, todas las cosas? ¿Quién acusará a los que Dios ha escogido? Dios es el que justifica. ¿Quién condenará?» (Romanos 8.31-34).

Así que hay una multitud de formas en que el Nuevo Testamento deja en claro que necesitamos que nos rescaten así como también que el rescate es real. No es solo acerca de ser arrebatado de alguien que te haya secuestrado. Es una vida duradera de estar unidos a la familia de Dios ¡y a Dios mismo!

Aquí hay una dinámica de interacción con Dios para toda la vida. Pero debemos creer que necesitamos el rescate. Debemos permitir que Él nos saque de la cautividad de modo que pueda aclararse la confusión de nuestra mente. Y luego, una de las expresiones más preciosas en nuestro vocabulario será «ser salvos».

ORACIÓN

Señor, sé que a veces trato de decirme a mí mismo que en realidad no necesito que me rescaten. Y me doy cuenta de cuán necio es esto. Es más fácil para mí ignorar mis verdaderas necesidades espirituales que enfrentarlas. Pero en tus brazos salvíficos hay bondad, gracia y misericordia. Has hecho lo que no puedo hacer por mi cuenta. Así que por favor ayúdame a aflojar mi adherencia a mi propia vida y experimentar tu obra salvífica cotidiana en mí.

CONOCER A CRISTO

ENSAYO

CRUZ Y TUMBA

Extracto (capítulo 13) del libro *Putting the Pieces Back Together: How Real Life and Real Faith Connect* por Mel Lawrenz (Zondervan, 2005)

«Aquel que conoce el misterio de la cruz y de la tumba también conoce las razones esenciales de todas las cosas».

—Máximo el Confesor

Yo caminaba por el pasillo de baldosas del edificio de historia en la Universidad de Wisconsin, habiendo terminado de dictar clases. Mi mente se enfocaba en llegar a la cafetería y comer algo. Pero en mi trayecto me topé con un grupo de alrededor de veinte estudiantes que estaban inmóviles y en silencio, contemplando un monitor de TV ubicado en una pared del vestíbulo, escuchando la voz pausada del presentador del noticiero, que retumbaba entre las baldosas y la piedra. Al igual que ellos, solo pude detenerme y mirar.

Allí en el monitor se veía una imagen de una docena de personas en una tribuna al aire libre y también observaban hacia arriba, tratando de ver algo, con las cabezas erguidas y las manos cubriendo sus ojos del sol. La siguiente escena fue una extraña columna de humo que se difuminaba en dos sentidos. Oí que un estudiante le susurraba a otro, que acababa de unirse al grupo, lo siguiente: «El *Challenger* explotó. El transbordador espacial». Y el otro estudiante comentaba en un susurro silencioso: «¡Oh, no puede ser!».

Pese a que no recuerdo qué hice ni dónde estuve anteayer, recuerdo con exactitud dónde estuve parado cuando escuché que el transbordador espacial explotó justo después del almuerzo, aunque ocurrió hace tantos años. Todos hemos mirado hacia arriba y habremos observado cientos de veces al ver las repeticiones de las imágenes de aquella explosión amarilla y negra, el caos en el cielo, el humo subiendo en forma de cruz con una bola de fuego en el medio. Apenas podemos imaginar lo que habrá ocurrido en aquel momento cuando siete exploradores valientes se convirtieron en mártires de su causa.

Cristo levantado

«Cuando sea levantado de la tierra, atraeré a todos a mí mismo». De todas las afirmaciones de Jesús que señalaron a Su cruz y lo que ocurriría en el mundo gracias a Su crucifixión, esta es la más conmovedora. Dijo esto, según Juan, para dar «a entender de qué manera iba a morir». Carne humana clavada a una cruz, izada en un poste, sostenida de forma tal que resultaba difícil respirar. Dejada allí para secarse, abandonada allí para morir. Y todo lo que la gente podía hacer era detenerse y mirar. Pero mientras observaban la tortura, también miraban hacia el cielo y la operación transformadora del mundo que ocurría en ese punto crucial.

Estaban las multitudes que fluían desde Jerusalén, siguiendo la procesión hasta el «Lugar de la Calavera» como nosotros podríamos seguir una ambulancia hasta una columna de humo junto a la carretera: los mirones bloquean el camino; es difícil no mirar, es difícil no reducir la marcha.

«La gente, por su parte, se quedó allí observando...» (Lucas 23.35).

Los propios seguidores de Jesús lo siguieron hasta ese lugar al que no querían ir. «Lo seguía mucha gente del pueblo, incluso mujeres que se golpeaban el pecho, lamentándose por él» (Lucas 23.27). No se atrevían a estar demasiado cerca. «Pero todos los conocidos de Jesús, incluso las mujeres que lo habían seguido desde Galilea, se quedaron mirando desde lejos» (Lucas 23.49).

Algunos de los que estaban cerca participaron del crimen, soldados para quienes una crucifixión era un deber sucio más de un día sucio más en un desierto ubicado tan lejos del hogar. «También los soldados se acercaron para burlarse de él. Le ofrecieron vinagre y le dijeron: "Si eres el rey de los judíos, sálvate a ti mismo"» (Lucas 23.36-37).

Las autoridades que veían el madero como una forma decisiva de eliminar el ministerio de Jesús, deshacerse del problema de una vez por todas, «estaban burlándose de él. "Salvó a otros" —decían—; "que se salve a sí mismo, si es el Cristo de Dios, el Escogido"» (Lucas 23.35).

Todos procuramos obtener la salvación. La gente usa distintas palabras para ello, pero en realidad todas las personas que viven en todo lugar y en toda época reconocen mediante el dolor, el descontento y la muerte que algo ha salido terriblemente mal en el mundo y por tanto necesitamos un rescate.

De modo que cuando los soldados ridiculizaron a Jesús al decir que debía salvarse a sí mismo de la tortura, y cuando los gobernantes afirmaron que como mínimo el Mesías debía ser capaz de salvarse a sí mismo, y cuando uno de los criminales que estaba crucificado junto a Jesús se burló diciendo: «¿No eres tú el Cristo? ¡Sálvate a ti mismo y a nosotros!», todos hablaban con labios amargos y dientes rechinantes de su propia necesidad más profunda de ser salvos, pero de una forma que difícilmente podrían imaginar.

Todos miraron hacia arriba. ¿Cómo no podrían hacerlo?

Cuando Jesús fue levantado de aquella forma en aquel momento, atrajo a toda la gente a sí mismo. En su libro, *The Cruciality of the Cross,* P. T. Forsyth escribió:

«Cristo es para nosotros tal como es su cruz. Todo lo que Cristo era en el cielo o en la tierra fue puesto en lo que hizo allí.[...] No podemos entender a Cristo antes de comprender su cruz».

¿Qué quiso Jesús que entendiéramos acerca de Su cruz? ¿Y por qué «soportó la cruz, menospreciando la vergüenza» debido al «gozo que le esperaba» (Hebreos 12.2)? Fue porque Jesús sabía que cuando Él fuera «levantado» atraería a toda la gente a sí mismo.

Es un insulto y una fuente de angustia para Jesús que la humanidad esté quebrada de tantas maneras: dispersa, trastornada y alienada. En pedazos. Se necesitaba hacer algo para unir a la gente, reconciliarla primero con Dios y luego entre sí. Cuando Jesús fue levantado, cuando Sus amigos y seguidores se quedaron atónitos, y cuando aun sus enemigos más amargos se focalizaron en su vida menguante, entonces Él se volvió el punto focal de la visión humana. Y desde entonces no hemos sido capaces de quitar nuestra mirada de la cruz. Piensa en todos los lugares donde hoy en día ves cruces y considera que aunque no nos estremezcamos ante su horror cuando la miramos en el campanario de una iglesia o colgando libremente en una cadena de oro alrededor del cuello de una mujer, todavía decidimos fijarnos en ella. ¿Cómo no hacerlo?

El cruce de caminos del Gólgota fue la gran reunión de la humanidad dispersa. Algunos se alejaron no menos dispersos que antes. Pero en aquella colina se efectuó una marca que nos mantendría como personas fragmentarias mirando hacia Él y lo que hizo, que fue totalmente diferente de lo que cualquier mártir haya realizado jamás. ¿Era un simulacro del «rey de los judíos», como señalaba el cartel colocado sobre Su cabeza? ¿Acaso un Mesías que no podía salvarse a sí mismo? ¿O podía realmente contestar el pedido del ladrón agonizante: «Jesús, acuérdate de mí cuando vengas en tu reino» con «Te aseguro que hoy estarás conmigo en el paraíso»?

Nos resulta difícil saber cómo aquel ladrón que murió junto a Jesús pudo tener fe en Él durante aquel día cuando los soldados romanos lo desgarraron y ensangrentaron; ¡pero la tuvo! No contaba con la ventaja que disfrutamos nosotros, de ver a Jesús en Su muerte y resurrección.

Tesoro de tumbas

Howard Carter y algunos obreros se abrieron camino excavando en la roca en un pasaje de diez metros en el Valle de los Reyes, en Egipto. Durante tres mil años ningún ser humano había entrado en aquel pasillo. Al final, Carter comenzó a realizar un agujero en la puerta hasta que miró hacia adentro y vio «cosas maravillosas».

Este hombre había sido un muchacho enfermizo y solitario en la Inglaterra de fines del siglo XIX, pero una visita a una exhibición egipcia en Londres encendió la imaginación del joven Howard. Como joven se convirtió en artista y terminó en un empleo como trazador para el Fondo Egipcio de Exploración. Se unió a Sir Flinders Petrie en una excavación arqueológica hecha en Egipto y comenzó a aprender árabe y la ciencia de la excavación. En 1900 se le dio permiso para comenzar su propia excavación y durante años hurgó entre las piedras y el polvo.

Al ingresar a la cámara, Carter se sorprendió de estar entre jarrones elaborados, sofás, estatuas, joyas, carros y un bello abanico de plumas de avestruz que estaba en perfectas condiciones. La esencia del perfume aún se olía en el aire. Pero luego, en otra cámara, vino la gran sorpresa: un sarcófago de oro sólido que contenía los restos momificados de Tutankamón; una máscara de oro sólido cubría el rostro y una corona de flores se encontraba por encima de esta. Nadie había visto jamás una tumba espectacularmente rica de un rey egipcio que hubiera quedado sin descubrir y sin perturbar por parte de ladrones y saqueadores. Y pensar que aquellos tesoros fueron sellados durante la época del gran éxodo de los israelitas, uno de los momentos más grandes de salvación que el mundo haya visto.

A veces las tumbas son lugares de epifanía, pero ninguna puede superar a la que fue utilizada por Jesús. Su tumba fue sellada en Jerusalén alrededor de mil cuatrocientos años después de la del joven rey Tut. El suyo fue el entierro de una persona juzgada como criminal y burlada como alguien que pretendía ser rey. Aquellos que amaban a Jesús dignificaron Su entierro con amor y cuidado. Su tumba, sin embargo, no quedó libre de perturbaciones. Fue abierta a los pocos días del entierro, pero no por manos humanas. Y cuando primero ingresaron algunas mujeres, luego algunos hombres, se encontraron con... absolutamente nada. Las vendas y el sudario yacían vacíos y sin utilidad alguna. No había estatuas, ni jarrones ni montones de joyas. Nada de oro ni accesorios reales. Esa tumba no era apta para un rey, ni mucho menos para el Rey de reyes quien no tenía intención alguna de permanecer bajo el falso pretexto de los perfumes.

Y aun así en aquel vacío había riquezas que incluso hoy ninguno de nosotros puede comprender. El poder de Dios (por el cual Jesús resucitó en la tumba, salió de ese lugar y dejó la tierra en un reproche directo a nuestros más grandes enemigos, incluyendo la muerte) ha sido desatado en el mundo.

Ahora bien, un ser humano podría reunir suficiente oro para intentar tener un lugar más confortable en el ataúd o disfrutar del Espíritu vivificante de Cristo llenando las partes deterioradas de su vida en el aquí y el ahora, además de llevar consigo la promesa de la vida eterna.

Observa esta frase: «las incalculables riquezas de Cristo». El apóstol Pablo usa un adjetivo aquí (Efesios 3.8), «incalculables», que significa algo tan grande sobre lo que no puede llevarse registro ni trazarse. ¡Uno no puede realmente comprender! Es insondable, imposible de rastrear, inconmensurable, inagotable, inescrutable, incalculable, infinito. No importa cuánto oro uno deposite en una tumba o en una cuenta bancaria, siempre habrá un límite.

Pero las riquezas de Cristo van más allá de toda medida. No hay escala en la esfera de la experiencia humana que pueda cuantificarlas. El amor humano es solo una insinuación del amor de Dios. Los actos de misericordia que leemos en el periódico son apenas una gota comparados con el flujo de misericordia que proviene de Dios. El perdón es algo tan satisfactorio cuando logramos dejar de lado nuestra amargura con respecto a otra persona y así ser libres del resentimiento, pero eso es apenas una tenue sombra del perdón que Dios nos ofrece en Cristo.

En Efesios 2 Pablo también habla de las riquezas:

Pero Dios, que es rico en misericordia, por su gran amor por nosotros, nos dio vida con Cristo, aun cuando estábamos muertos en pecados. ¡Por gracia ustedes han sido salvados! Y en unión con Cristo Jesús, Dios nos resucitó y nos hizo sentar con él en las regiones celestiales, para mostrar en los tiempos venideros la incomparable riqueza de su gracia, que por su bondad derramó sobre nosotros en Cristo Jesús.

He aquí la promesa real: si quieres conocer al Tesoro en la vida, entonces comprende que este llega al permitir que Dios te atesore.

Tiempo atrás hice una encuesta entre un grupo aproximado de mil personas. Realicé una pregunta sencilla: «Si pudieras preguntarle a Dios una cosa, ¿qué sería?». Algunas de las respuestas más frecuentes no me sorprendieron, pero hubo una que captó mi atención. Mucha gente quería preguntarle a Dios: «¿Por qué, por qué, oh Dios, te preocupas por amar a los seres humanos?». Francamente me sorprendió que tanta gente realizara esa pregunta.

Entre todas las personas que suponen la gracia de Dios («¿Qué más, después de todo, podría hacer Dios?», piensan. «¿No es amor Su trabajo de tiempo completo?»), hay multitudes que se preguntan: «¿Por qué Dios amaría a la humanidad? ¿Por qué Dios me amaría a mí?».

No sé cómo responder esto, excepto decir (como afirma la Biblia) que Él simplemente lo hace. Sin duda el hecho de que no hay ninguna razón escondida ni necesidad externa por la que Dios ame a quien decida hacerlo, hace que Su amor sea aún más rico y más seguro.

La cruz y la tumba van juntas en el evangelio cristiano: ambas fueron ocupadas por un breve espacio de tiempo, ambas fueron abandonadas, ambas fueron derrotadas. El apóstol Pablo, que sabía lo que era sufrir por escoger asociarse con Jesús, dijo: «Lo he perdido todo a fin de conocer a Cristo, experimentar el poder que se manifestó en su resurrección, participar en sus sufrimientos y llegar a ser semejante a él en su muerte» (Filipenses 3.10). Pablo escribió esto cuando se encontraba en la cárcel y anticipaba que podría tener su juicio final y su ejecución en cualquier momento. Lo que lo ayudó a mantenerse y retener el significado de todo es que cuando estamos despedazados por los enemigos, somos conocidos y podemos conocer al Señor que también es machacado por sus enemigos. Pero al otro lado de la derrota aparente está la victoria de la resurrección.

Esto se aplica no solo a los apóstoles o los cristianos que están a punto de ser martirizados, sino también a todo creyente que sienta que la vida se pone demasiado dura. La maldad parece más fuerte de lo que debiera. Las cosas en la vida están simplemente quebrándose.

No hay promesa más grande que la resurrección de Jesús, aquella que afirma que Dios puede unir otra vez las piezas dispersas de nuestra vida. Todos sabemos que en el momento de la muerte el cuerpo comienza a descomponerse. Pero el cuerpo de Jesús no experimentó tal corrupción. La resurrección de Jesús es el milagro más grande, no porque haya sido tan difícil. (¿Acaso no es la creación del universo una hazaña física mayor? ¿No es la concepción de vida humana a partir de dos simples semillas, de madre y padre, un acontecimiento biológico más sorprendente?). Jesús se levantó y salió de Su tumba con más facilidad de lo que esta mañana salí de mi cama.

La resurrección de Jesús es el milagro más grande porque significa la verdad más grande. La ley de entropía, de las cosas haciéndose pedazos, queda desactivada en la resurrección de Jesús. Él no se convirtió en polvo y así logró que nosotros, criaturas de polvo, entendiéramos que nuestra vida no tiene por qué desintegrarse. El poder por el que Jesús fue levantado de entre los muertos hace que los matrimonios se unan, nos sostiene de una pieza pese a los diversos roles que desempeñamos en la vida y refrena al pecado en su intento de corroernos como hace un virus cuando ataca un cuerpo.

El evangelio cristiano dice: considera la cruz y cobra ánimo al saber que la tumba está vacía. La cruz y la tumba obran juntas. Una está incompleta sin la otra. Si Jesús solo hubiera muerto como un mártir por una causa pero no hubiera resucitado, entonces podríamos obtener inspiración, pero no salvación. Si Jesús hubiera vuelto a la vida después de haber muerto por causas naturales, solo sería un ejemplo de resucitación milagrosa, no de transformación. Pero Él sufrió una muerte de salvación y se levantó de los muertos en un cuerpo transfigurado.

La cruz y la tumba son faros gemelos.

Faros de salvación

A lo largo de los años me han llamado la atención los faros, probablemente porque Door County, en Wisconsin (EE. UU.), donde crecí, tiene muchos faros a lo largo de su costa de 320 kilómetros. En torno a esta península hay bancos de arena traicioneros y en la época de los barcos de madera, cientos naufragaban. Un tío bisabuelo mío perdió su barco en uno de los bancos de arena y yo he buceado entre varios restos de los naufragios.

Mi bisabuelo era el guardián en el faro de Cana Island, donde las tormentas traicioneras de otoño en el lago Michigan golpean contra este. Y mi abuela pasó su niñez en tal lugar. Siempre he considerado a los faros como un símbolo vívido de la salvación, porque me imagino a mí mismo en una embarcación de madera, allí entre las olas violentas de una tormenta de noviembre en el lago Michigan, exhalando un suspiro de alivio al divisar el faro y saber exactamente dónde estoy.

En un lugar llamado Baileys Harbor, ubicado aproximadamente a mitad de la península, hay una clase diferente de faro. En la costa hay una pequeña torre blanca de madera con una luz encima, a tan solo seis metros del suelo. Y luego, apartado de la costa, a doscientos metros, está el faro principal. En ese estrecho corredor formado entre las dos luces, todos los árboles están podados de modo que un barco situado lejos de la orilla logre ver ambas luminarias. El concepto de este diseño, llamado luz direccional, es que el capitán de un barco pueda encontrar no solo un faro sino también, cuando se alinea con aquellas dos luces, su ubicación precisa y una forma segura de sortear los bancos de arena.

La muerte y la resurrección de Jesús son dos faros; uno está incompleto sin el otro. Pero ponlos en línea y entenderás exactamente el propósito de la muerte de Cristo y el poder de Su resurrección. El sacrificio salvífico opera con la resurrección triunfante. Dios en acción en la cruz y en la tumba para nuestro beneficio.

Y así podrás saber con exactitud en dónde te encuentras.

ORACIÓN

Querido Dios, confío en ti cuando dices que me amas por ninguna razón más que tu decisión de hacerlo. Gracias por amarme mediante el sacrificio invaluable de Jesús. Y gracias por amarme al quebrar las ligaduras de la muerte y darme esperanza para el futuro.

CONOCER A CRISTO

¿Soñaste alguna vez con entender mejor la Biblia?

Casi todos lo hacemos. Creyentes maduros y nuevos creyentes. Jóvenes y ancianos. Aquellos que hemos leído la Biblia durante años y quienes apenas comienzan la aventura.

Cómo entender la Biblia, una guía sencilla, te ayudará a adquirir una perspectiva general del flujo y el significado de la Escritura. El libro aborda cuestiones como: ¿Cuál es el panorama general de la Biblia? ¿Qué traducción bíblica debería usar? ¿Cómo deberíamos entender las historias del Antiguo Testamento? ¿Cómo deberíamos interpretar aquello que los profetas tenían para decir? ¿Cómo deberíamos entender las enseñanzas de Jesús? ¿Qué enseñó Jesús mediante las parábolas? ¿Cómo podemos oír la voz de Dios en la Escritura? ¿Cuáles son las formas adecuadas de aplicar la Escritura a la vida actual? Disponible en Amazon.com